OHANA SIGNIFICA FAMÍLIA, FAMÍLIA SIGNIFICA NUNCA ABANDONAR OU ESQUECER.

STITCH ADORA DIVERSÃO...
E SANDUÍCHES DE MANTEIGA DE AMENDOIM!

© Disney

COM UM SORRISO, PODEMOS ILUMINAR ATÉ MESMO A MAIS ESCURA DAS NOITES.

ÀS VEZES, ATÉ MESMO STITCH E ANGEL PRECISAM DE UMA PAUSA PARA REFLETIR... OU PARA COMER BISCOITOS!

© Disney

**QUANDO TUDO MAIS FALHA,
EXPERIMENTE FALAR 'ALOHA'!**

© Disney

PARA STITCH, CADA DIA É UMA NOVA AVENTURA ESPERANDO PARA ACONTECER!

© Disney

UM ABRAÇO PODE CONSERTAR ATÉ MESMO OS CORAÇÕES MAIS QUEBRADOS.

QUE TAL ME ABRAÇAR?

NADA PODE DETER O PODER DO AMOR VERDADEIRO E PURO.

© Disney

PREPARE-SE PARA UM MONTE DE TRAVESSURAS, PORQUE STITCH ESTÁ A BORDO!

© Disney

**CUIDADO COM O ABRAÇO DE URSO...
OU MELHOR, DE ALIENÍGENA!**

O AMOR É A LINGUAGEM UNIVERSAL
QUE TODOS PODEMOS ENTENDER.

LEMBRE-SE, COM STITCH POR PERTO, A MONOTONIA NUNCA É UMA OPÇÃO!

© Disney